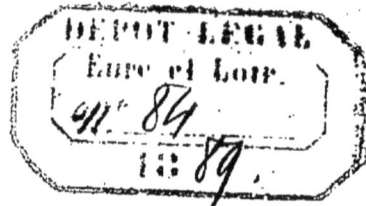

# LA
# SITUATION POLITIQUE

## DE LA

# FRANCE

## PAR M. WELCHE

### ANCIEN MINISTRE, ANCIEN PRÉFET

CHARTRES

IMPRIMERIE GARNIER

1889

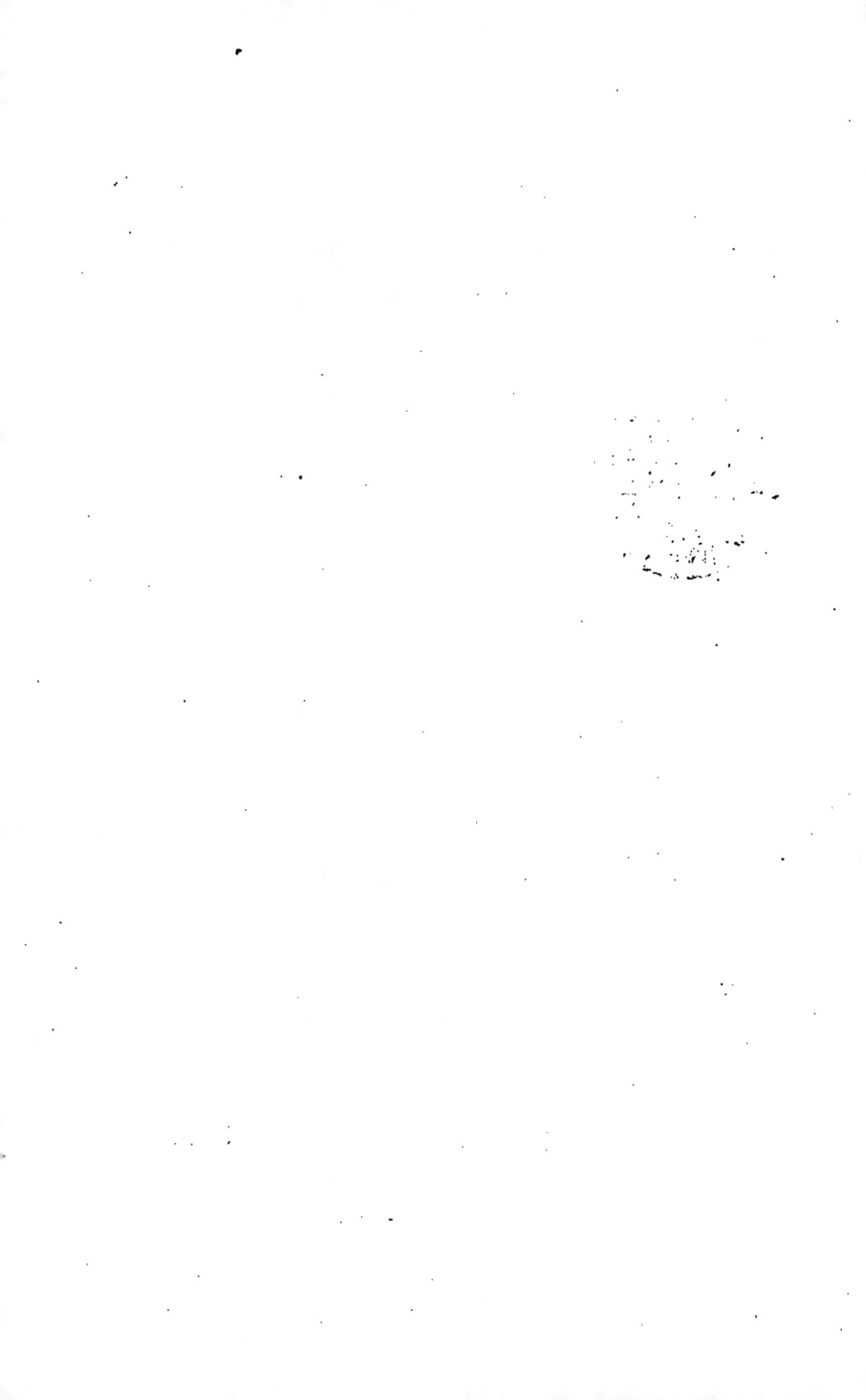

# LA
# SITUATION POLITIQUE
## DE LA FRANCE

CONFÉRENCE FAITE A CHARTRES

le 10 Mars 1889

## Par M. WELCHE

ANCIEN MINISTRE, ANCIEN PRÉFET

CHARTRES

IMPRIMERIE GARNIER

1889

# LA SITUATION POLITIQUE

## DE LA FRANCE

Messieurs,

Depuis près d'un siècle notre pays semble condamné à subir, à des intervalles
presque périodiques, des crises fatales ou
tout au moins fort périlleuses pour le gouvernement chargé de ses destinées : la
révolution, qui dure encore, nous laissera
dans cet état de malaise aussi longtemps
que nous n'aurons pas rencontré ou retrouvé les institutions capables d'assurer à
chacun le respect de ses droits, la protection de ses efforts, la liberté de ses opinions, l'égalité devant la loi. Les gouvernements qui se succèdent, se flattent tous
de remplir ce programme, aucun n'y réus-
sit au gré de tout le monde et le jour où
les déçus et les mécontents sont en majorité, un évènement souvent imprévu, quel-
quefois insignifiant, amène le désordre

et peut déterminer un profond bouleverse-
ment.

Pour éviter ces redoutables éventualités
ou pour en atténuer les conséquences, rien
ne me paraît plus efficace que cet échange
d'opinions et d'appréciations qui se fait
dans des réunions publiques ou privées,
par des conférences développées avec mo-
dération, écoutées avec tolérance, et au moyen desquelles bien des faits s'éclaircissent,
des préjugés s'effacent, des préventions
s'éteignent et qui démontrent que, même
sur le terrain brûlant de la politique, on
peut être adversaires sans être ennemis.
(*Applaudissements.*)

Tel est le but que je poursuis en venant
ici et je dois d'abord remercier votre honorable président des paroles trop élogieuses
avec lesquelles il m'a présenté à vous; il
me sera difficile de rester au niveau de ses
éloges. Si complète qu'ait été cette présentation, je vous demande la permission d'y
ajouter un trait, en vous disant sur le
champ dans quel ordre d'idées j'entre-
prends l'examen que je viens faire avec
vous.

Je suis, messieurs, un homme d'administration, plutôt qu'un homme politique :
je suis plus porté à juger un régime par
ses résultats que sur l'exposé des principes

dont il se recommande. Je ne crois pas qu'une forme de gouvernement puisse, par sa seule vertu spécifique, assurer le bonheur de la nation qui l'accepte, et que la république soit nécessairement ce que Montesquieu a défini « Le gouvernement de la vertu. » — Je ne crois pas non plus qu'aucune des formes de gouvernement admises par le droit public moderne soit elle-même condamnable et nuisible : Une république peut être despotique et oppressive; une monarchie peut être progressive et libérale. Mais je pense qu'une nation a le droit de choisir la forme de son gouvernement, que le devoir du citoyen est de se soumettre à ce choix en se réservant de faire respecter et prévaloir par tous les moyens légaux ses opinions, ses doctrines, et les mesures qu'il juge utiles à la défense des intérêts publics et privés. (*Vive approbation.*)

Je ne suis pas cependant un sceptique, pas plus en politique qu'en religion : j'ai mon idéal de gouvernement et je vous le ferai connaître. Je n'aurais pas choisi le gouvernement qui au jour de nos désastres a pris la direction de nos affaires, mais je n'ai pas pour cela cru devoir refuser à l'administration de mon pays mon modeste concours lorsqu'il m'a été demandé. Lorsque en 1871 M. Thiers voulut se débarrasser des administrateurs du 4 Septembre, j'ai accepté les fonctions préfectorales qui m'étaient offertes et dans les diverses préfectures que j'ai successivement occupées, au milieu des populations les plus démocratiques comme celles du Rhône, par exemple, et de la Ville de Lyon, j'ai la conscience et je ne crains à cet égard le témoignage d'aucun de mes anciens administrés, et d'aucun de mes anciens chefs, d'avoir loyalement et utilement servi et la France et le gouvernement qui m'avait donné sa confiance (*Applaudissements*).

Et lorsque je vois autour de moi tant de conservateurs qui ont agi de même et qui ont contribué pour une si large part à accoutumer le pays à un régime pour lequel en 1871 l'entraînement n'était pas grand, j'ai le droit de m'étonner du reproche adressé aux conservateurs de s'être montrés systématiquement hostiles à la République et d'avoir agi comme *les pires des révolutionnaires*.

C'est donc avec une entière impartialité que j'examine devant vous la situation qui nous est faite par dix-huit années d'administration républicaine.

## I

Pour faire méthodiquement cet examen, je suis amené à diviser ces dix-huit années en deux périodes très distinctes : l'une s'étend de 1871 à la fin de l'année 1877 et comprend la présidence de M. Thiers et la durée presque entière de celle de M. le Maréchal de Mac-Mahon ; l'autre commence au 1er janvier 1878 et a été remplie jusqu'à ce jour par les magistratures de M. Grévy et de M. Carnot. Le temps me manquerait pour analyser ces deux périodes, mais il est un moyen sûr et facile de juger si elles ont été également prospères et fructueuses.

Le baron Louis, ministre des finances sous la Restauration et sous la monarchie de Juillet, disait un jour à un député qui l'interrogeait sur la situation financière : « Faites-nous de bonne politique, je vous ferai de bonnes finances. » Il avait raison, et en appliquant au rebours sa formule, on peut apprécier la politique d'un gouvernement en constatant l'état de ses finances.

Examinons notre situation financière aux diverses époques qui ont été marquées par une évolution gouvernementale. Tout le monde est aujourd'hui d'accord sur les chiffres; le parti républicain ne peut plus nier les emprunts, le déficit, l'augmentation toujours croissante de la dette flottante: il nous suffira donc, pour nous éclairer, de comparer entre eux les divers budgets en prenant pour premier terme de comparaison le budget de 1869, dernier budget du gouvernement impérial, et en le mettant en regard du budget de 1876, parce que c'est à cette date que l'Assemblée nationale a fait entrer dans les cadres de son budget toutes les dépenses nécessitées par la guerre, indemnités, réparations de dommages, reconstitution de matériel etc. etc., à côté du chiffre des dépenses nécessaires pour assurer les services de l'Etat; nous passerons ensuite à l'examen des budgets suivants.

En 1876 et jusqu'à la fin de 1877 la majorité est conservatrice, mais elle n'est pas exclusive et les républicains sont appelés à exercer leur part d'administration, car nous rencontrons dans les ministres qui se succèdent tantôt M. de Chabaud-Latour ou M. Buffet, tantôt M. de Marcère ou M. Jules Simon; mais la tendance générale est conservatrice. Après 1877, le pouvoir va passer entièrement aux mains des républicains.

Messieurs, il est difficile de parler froidement et équitablement des événements contemporains : ceux qui ont cru leurs intérêts ou leur ambition menacés par ces événements, les apprécient toujours avec âpreté et injustice. On ne peut notamment citer la date du 16 mai sans exciter de véritables fureurs chez les hommes qui veulent marquer cette date comme celle d'un attentat prémédité contre les libertés publiques ou d'un coup d'Etat essayé dans le but de renverser le gouvernement républicain. Il est temps que la vérité se fasse jour. Si au 16 mai un coup d'Etat avait été tenté par M. le Maréchal de Mac-Mahon, le loyal soldat ne serait pas resté en 1878 à la tête du gouvernement dont il aurait voulu la ruine.

Quant aux hommes éminents qui, à cette époque, ont été ses ministres sans l'avoir recherché ni désiré, il faut ne pas connaître leur respect de la légalité et les méticuleux scrupules de leur conscience, pour voir en eux d'audacieux fauteurs d'aventures : il suffit pour être convaincu de relire, si on peut aller jusqu'au bout, l'étonnant rapport dressé par ceux qui les voulaient mettre en accusation. La vérité, la voici : depuis l'élection de la Chambre qui a remplacé l'Assemblée nationale, le

parti républicain, se sentant en nombre et
en force, émit la doctrine que le gouvernement de la République devait entièrement appartenir aux seuls républicains et
que la minorité conservatrice n'y devait
plus participer. C'est sur cette théorie que
se forma, en 1877, l'alliance des 363 et
les deux grands arguments qu'ils firent va-
loir devant les électeurs furent ceux-ci : La
maison est à nous, c'est aux Conservateurs
d'en sortir pour que nous puissions assurer
le calme et la prospérité du pays ; si le
pays donne la majorité aux Conservateurs,
nous aurons immédiatement la guerre avec
l'Allemagne : Le pays les crut et les
nomma.

Arrivés en majorité à la Chambre de
1877, les républicains s'assurèrent l'omnipotence en brisant, par de scandaleuses in-
validations, les manifestations de la volonté
nationale qui leur étaient hostiles, et en
pratiquant, pour faire élire leurs amis, la
candidature officielle la plus éhontée. Ils
sont restés les maîtres, ainsi qu'ils le voulaient, maîtres absolus, n'acceptant ni discussion ni contrôle, puisqu'ils ont écarté
systématiquement de toutes les commis-
sions importantes, et notamment de la
commission du budget, les rares députés
conservateurs dont ils n'avaient pu empêcher

la réélection. La France est tombée ce jour-là, entre les mains d'une oligarchie despotique, avide du pouvoir et de ses jouissances, se partageant, comme en pays conquis, les dépouilles des vaincus, bouleversant toutes les administrations pour y placer ses amis, prenant pour elle l'autorité tout entière, mais aussi assumant sur elle toute la responsabilité.

Voyons comment ils ont usé de leur omnipotence et commençons par indiquer les résultats de leur gestion financière.

En 1869, le budget ordinaire s'était soldé par une somme ·de. . . .   1,621,390,248

En 1876, alors que les Conservateurs avaient le pouvoir, le budget grossi de toutes les indemnités et charges de la guerre s'éleva à. . . . . . . . . . . .   2,570,505,513

·Ce total comprend 204 millions réservés pour les travaux publics et l'exercice se règle par un excédent de recettes de 98 millions. En ce temps-là on économisait et on amortissait. Les budgets suivants, jusqu'en 1880, se soldent en excédent, leur

chiffre de dépense aug-
mente et en 1885 le bud-
get ordinaire et extraordi-
naire monte à. . . . . . . 3,356,000,000
Savoir : dépenses ordinaires 3,048 millions.

Dépenses extraordinaires 308 millions.

Ce chiffre ne décroîtra plus. En vain,
en 1884, les Droites de la Chambre des
députés présentent à la commission du budget une étude détaillée sur tous les cha-
pitres, ministère par ministère, et établis-
sent qu'après avoir largement assuré tous
les services il est possible, il est facile de
réaliser des économies pour 317 millions.
Ce projet est dédaigneusement mis à l'é-
cart, on ne veut ni le discuter ni en tenir
compte.

En 1888, nous verrons les Droites re-
produire le même travail, se bornant cette
fois à demander la nomination d'une commission de 22 membres qui serait chargée
de dresser le bilan de la situation financière du pays : on n'a pas plus d'égard
pour cette modeste proposition et la
Chambre élue en 1885, suivant les
errements de celle qui l'a précédée,
aboutit, après nous avoir promis les
budgets de réforme, à la présentation pour
1890 :

D'un budget qui se règle, pour les dépenses ordinaires par . . .    3,036,588,000

Pour les dépenses extraordinaires, par . . . . . .    498,978,633

Au total. . .    3,535,566,633

Et comme les crédits alloués pour 1889 et qui sont simplement maintenus, s'élèvent en recettes à la somme de . . . . . .    3,011,974,825

l'année 1890 se soldera, comme la précédente, par un déficit de. . . . . . .    523,591,808

Il faudra demander cette somme à l'emprunt; comme il faudra lui demander de combler les déficits antérieurs, puisque, de l'avis de tous les financiers, notamment M. H. Germain, M. Leroy-Beaulieu, qui sont des républicains et ne peuvent vous être suspects, nous dépensons chaque année depuis fort longtemps une moyenne de 500 millions supérieure à nos recettes.

La dette flottante, qui était au 1er janvier 1889 de. . . . . . .    906,238,000 sera augmentée en fin 1889 de . . . . . . . . .    523,000,000

Elle atteindra le chiffre de . . . . . . . . . . . . .    1,429,238,000 qu'il faudra demander à l'emprunt.

Tels sont les budgets que la majorité républicaine appelle des budgets « d'attente » et qui seraient mieux nommés budgets de déceptions.

La Chambre que vous allez être appelés à nommer aura donc à son début la tâche ingrate de faire face à ce découvert écrasant d'un milliard et demi ; mais la Chambre actuelle, satisfaite de ses budgets d'attente, n'en a aucun souci. A ce moment les élections seront faites et le candidat de l'oligarchie opportuniste aura pu se présenter dans sa circonscription avec son programme : pas d'emprunt, pas d'impôt nouveau. Reste à savoir si l'électeur s'y laissera encore prendre.

En résumé, depuis que la République est exclusivement administrée par les vrais républicains, les dépenses ont suivi la progression suivante :

Budget de 1876. — Gouvernement des conservateurs . . . . . . . 2,570,505,513

Budget de 1890. — Gouvernement des républicains, dépenses ordinaires. 3,036,588,633

Excédent de dépenses ordinaires . . . . . . . . 466,083,120

Dépenses extraordinaires, au minimum . . . . . 500,000.000

Excédent de dépenses. . 966,083,120

Nous venons de voir ce que le contribuable verse à l'Etat, il est utile, pour connaître toutes les charges qui le grèvent, de voir ce qu'il paye au département et à la commune. Dans les avertissements annuels qui vous apprennent le chiffre toujours croissant de vos contributions, la distinction est faite dans des colonnes séparées, nous allons indiquer les totaux dans lesquels s'additionnent ces chiffres.

Pour les départements, les emprunts se sont élevés de . . . . . . . 128,417,499 fr.

Total qu'ils atteignaient en 1878, à . . , . . . . . 249,188,900

chiffre de 1886, le dernier que nous ayons pu relever. Augmentation . . 120,770,950 fr. ou 95 pour cent.

Les centimes additionnels départementaux produisaient en 1878. 148,829,249 fr.

Ils produisent en 1886. 173,521,515

Augmentation . . 24,692,266 fr.

La moyenne des centimes par département a été portée de 54 centimes 1/4 à 58 centimes 1/3.

Pour les communes (Paris non compris), le produit des centimes additionnels était, en 1878 . . . . . . . . . . 138,255,081 fr.

Il est en 1886 de. . . . 172,501,734

Augmentation. . 34,246,647 fr.

La moyenne des centimes pour les communes a passé de 48 à 53.

La dette totalisée des communes, moins Paris, s'est élevée de . . .    757,477,783
en 1878, à. . . . . . . . . .    1,242,535,940

en 1886, en augmentation de . . . . . . . . . . .    485,058,159

Soit, pour neuf années, 55 millions d'augmentation par an !

C'est ainsi que le total des dépenses annuelles, qu'on demande à la bourse appauvrie du contribuable, dépasse quatre milliards depuis que nous avons le gouvernement des vrais républicains. (*Sensation.*)

La France, sous les gouvernements passés, a glorieusement conquis dans l'art militaire, les lettres, les arts, les sciences, le premier rang parmi les nations civilisées. Il était réservé au gouvernement républicain actuel de lui assurer une nouvelle suprématie incontestée et peu enviable, celle qui place le contribuable français au premier, et de très loin, parmi les peuples les plus écrasés d'impôts.

Voici, en effet, la charge qui pèse — par tête — sur chacun des contribuables des pays voisins ; ces chiffres sont puisés dans un discours prononcé à la Chambre par M. Méline, le 10 février 1885.

Le contribuable paye, par tête :

En Angleterre . . . . . .    57 fr.
En Belgique . . . . . . .    46 fr.
En Allemagne . . . . . .    44 fr.
En Autriche . . . . . . .    44 fr.
En Russie . . . . . . . .    36 fr.
En Espagne . . . . . . .    33 fr.
En Amérique . . . . . .    59 fr.
Il payait en France en 1859.    59 fr.
Il paye en France en 1885 .    104 fr.

Oui, Messieurs, chaque petit Français qui vient au monde trouve dans son berceau, comme don de joyeuse entrée, une dette perpétuelle dont les intérêts le grèvent de 104 francs par an. Je vous laisse à juger s'il en a pour son argent. (*Rires et applaudissements.*)

## II

Comment les partisans du gouvernement actuel essaient-ils d'expliquer cette situation désastreuse qu'ils n'osent plus nier ? Nous avons fait de grandes choses, disent-ils, et on ne pouvait les faire sans dépenser beaucoup ; ce sont là des sacrifices nécessaires dont la république recueillera la gloire et nos neveux le profit. Il importe d'examiner

de près ces grandes conceptions, ces gigan-
tesques projets et de les ramener à leurs
justes proportions.

M. Léon Say, dans son livre sur les finances de la France, raconte comment en une
nuit de janvier 1878, le plan des grands
travaux publics fut dressé par M. Gambetta, M. de Freycinet et lui. Eblouis par la
merveilleuse vitalité de ce pays qui, après
six années, grâce à une administration pré-
voyante et sage, pouvait porter sans fléchir
le poids déjà immense de ses charges et
dont l'épargne se reconstituait, ces messieurs voulurent frapper l'imagination populaire en dotant la France de ce qu'ils
appelaient son outillage industriel et en
complétant très rapidement le réseau de
ses voies de communication. En une seule
nuit, pas d'avantage, c'est M. Léon Say
qui nous l'affirme, ces hommes enthou-
siastes et confiants en eux-mêmes arrêtè-
rent un plan de grands travaux publics
dont le total s'élevait à une dépense de
quatre milliards cinq cent millions.

Mais à peine eut-on connu dans le monde parlementaire le projet du triumvirat que
chaque député vit dans son extension un
moyen d'asseoir sa popularité et de s'inféo-
der son arrondissement aux dépens du Trésor public, et alors commença une course

au clocher dont le but était de faire classer de nouveaux tronçons fantaisistes partant d'un point solitaire pour arriver à une direction quelconque à travers un pays désert, peu importe, il fallait au candidat sa ligne électorale. Les ministres cédaient toujours, aüssi dès le 11 décembre 1882 M. Tirard, ministre des finances, donnait à la tribune lecture d'une lettre par laquelle son collègue M. Varroy déclarait que « l'évaluation complète de l'ensemble des « grands travaux publics conçus en 1879 « entraîne une dépense de neuf milliards, « cent cinquante millions. » (*Sensation.*)

Le projet s'était singulièrement développé depuis la fameuse nuit de janvier 1878 ; la dépense avait plus que doublé. On se mit à l'œuvre, on commença les travaux au gré du caprice des députés les plus exigeants, sans suivre un plan d'ensemble régulier, et au cours de l'entreprise le gouvernement eut l'humiliation de se trouver acculé à un aveu d'impuissance et de recourir pour l'exécution des nouvelles lignes au crédit et à la compétence des grandes compagnies de chemins de fer.

La folie des grandeurs n'avait pas frappé seulement M. de Freycinet, elle avait atteint M. Jules Ferry qui voulut à son tour faire grand et couvrir la France de palais

scolaires et de somptueux lycées et qui, lui
aussi, recourut pour cela au procédé qui
consiste non pas à faire ce qu'on peut
raisonnablement faire avec les ressources
du présent, mais à user de ces ressources
pour lier l'avenir en s'engageant dans des
emprunts ruineux qui pèseront longtemps
sur ceux qui viendront après nous. Il est
curieux de relire un discours charmant de
M. H. Germain qui est un homme de beaucoup d'esprit en même temps qu'un financier éminent, et de suivre avec lui l'organi-
sation des caisses qui doivent pourvoir aux
dépenses nouvelles. On avait la caisse des
chemins vicinaux, on aura la caisse des
écoles primaires, la caisse des écoles nor-
males de garçons et de filles, la caisse des
lycées de filles et de garçons : on n'a rien
ou on a peu de chose à mettre dans ces
caisses, on les ouvre néanmoins, on les
dote de subventions chimériques, la caisse
restera vide, ce qui n'empêchera pas de
tirer sur elle et à bout de ressources on
couvrira les dépenses par la dette flottante :
c'est l'emprunt déguisé et à jet continu,
et c'est l'emprunt ruineux, en voici la
preuve.

De 1878 à 1885 les dépenses pour constructions scolaires étaient couvertes par
une subvention de l'Etat et une avance de

l'Etat aux communes : Les communes payaient pour les avances une annuité de 4 o/o qui comprenait 1,25 o/o pour les intérêts et 2,75 o/o pour l'amortissement, si bien que l'Etat lançait les communes sur la pente entraînante des emprunts en leur prêtant à un taux ruineux pour lui puisque l'intérêt qu'il recevait était de beaucoup inférieur à celui qu'il payait lui-même.

La loi du 20 juin 1885 vint modifier cette première combinaison; en 1885, la dépense scolaire s'élevait à 689,496,000 fr. Sous l'empire de cette loi, les communes feront l'emprunt total, l'Etat ne donnera plus de subvention, mais il versera 50 pour cent des annuités représentant l'intérêt et l'amortissement des capitaux empruntés par les communes pour leurs constructions scolaires. Or quel est le total auquel ces constructions pourront s'élever ? M. Antonin Dubost nous le dit dans son rapport: le programme des travaux à exécuter est de 595 millions. Et ils seront exécutés, car on sait contraindre les communes à entreprendre ces constructions, même contre leur gré ; elles sont du reste trop entraînées vers les dépenses excessives depuis que les plus imposés ne sont plus appelés à consentir les centimes additionnels.

Le taux de l'intérêt fixé par la combinaison nouvelle est de 5,63 o/o intérêt et amortissement compris, et comme la dépense est de 595 millions, il faut pour libérer cette somme avec 5,63 o/o quarante annuités de 33,498,500 qui se répartiront par moitié entre l'Etat et les communes.

L'Etat aura donc à payer chaque année une annuité de 16,749,250 fr. soit pour quarante années. . . . . . . . . . .     669,970,000

Et la Commune pareille somme. . . . . . .     669,970,000
—————————
Au total. . . .     1,339,940,000

pour des travaux évalués 595 millions. Et comme il est juste d'ajouter à cette dépense celle faite de 1878 à 1885 qui s'élève à . . . . . . . . .     689,496,000

on arrive, pour les dépenses scolaires, au chiffre de. . . . . . . . .     2,029,436,000

Pendant que les dépenses de construction atteignent ce total écrasant, les frais scolaires croissent dans une proportion égale et cet accroissement de dépense n'est pas en raison de l'instruction donnée, car, en 1877, 3,823,348 enfants suivaient les écoles communales et en 1884 le chiffre des inscrits tombait à 3,778,746.

Pour les dépenses, elles étaient sous les précédents gouvernements de 37,000,000 par an, elles se sont élevées en 1885 à 147 millions, et M. Dubost nous apprend qu'elles devront dans peu atteindre 250 millions.

Il est vrai que nous avons aujourd'hui la gratuité, qui fait supporter en partie par le pauvre les frais d'instruction primaire de l'enfant riche, car il faut en définitive que quelqu'un paye et aujourd'hui c'est tout le monde qui paye et qui paye fort cher, car autrefois l'instruction de l'enfant dans les écoles publiques revenait à 5 francs par tête et par an, aujourd'hui elle coûte à l'Etat trente-deux francs par tête.

Je sais bien que, pour les républicains, le développement de l'instruction publique ne date que de 1878 et qu'il est admis par eux qu'avant cette époque le pays croupissait dans une ignorance dégradante. Je vois parmi mes auditeurs, bon nombre de personnes qui ont été à l'école bien avant 1878, je leur demande s'ils se sentent aussi ignorants que cela et pour les rassurer, je les prie d'interroger les enfants qui sortent aujourd'hui des écoles publiques munis d'un certificat d'études obtenu après examen et ils verront que leur prétendue ignorance tiendra facilement en échec la science de ces lauréats de l'instruction gratuite, intégrale et laïque. ( *Vifs applaudissements.* )

Je ne rappellerai pas tout ce qui a été fait pour le développement de l'instruction depuis le commencement du siècle, mais je dois vous signaler les immenses résultats obtenus par la loi du 28 juillet 1833 qu'on a appelée avec raison la charte de l'enseignement primaire et qui suffirait à glorifier un règne ; cette loi libérale et féconde, partout où elle a été résolument appliquée, a couvert le pays d'écoles ouvertes dans toutes les communes; sous son influence le nombre des illettrés diminua rapidement et les statistiques nous prouvent que dès 1854, dans un grand nombre de départements et notamment dans celui de la Meurthe et dans les Vosges, où je l'ai constaté, le nombre des conscrits illettrés que l'on relevait au jour de la revision était inférieur à quatre pour cent ; je défie l'instruction intégrale républicaine de dépasser jamais un pareil résultat.(*Applaudissements.*)

Il faut le dire, le but qu'on poursuit est bien moins le développement de l'instruction que la laïcisation de l'enseignement primaire ; on veut chasser Dieu de l'école, on veut proscrire l'enseignement religieux, on veut préparer des générations incroyantes et qui seront par cela même esclaves de leurs seules passions, et on couvre hypocritement ce dessein coupable par la trompeuse enseigne de la neutralité scolaire. (*Applaudissements.*)

Messieurs, ne vous y laissez pas tromper, la neutralité religieuse dans l'école est un mensonge ; un instituteur ne peut pas être neutre en semblable matière ; il rencontre chez l'enfant l'expression des sentiments qui ont été développés sous les premières caresses et par les premières leçons de sa mère, de façon ou d'autre il faut qu'il s'en explique, qu'il se prononce, si l'enfant est catholique ce qui arrive quatre-vingt-dix-neuf fois sur cent, entre le catéchisme et le manuel de morale civique ; et s'il se prononce, par ordre, pour ce dernier, il viendra se heurter contre le droit imprescriptible du père de famille.

Encore si, pour couvrir cette manœuvre, on avait permis, à des heures et à des jours déterminés, l'accès de l'école au prêtre et aux ministres des autres cultes ; mais non, la commune est propriétaire de l'école, elle en paye le mobilier, elle paye l'éclairage, elle paye le chauffage et ses représentants ne peuvent y donner asile aux enfants pour qu'ils y reçoivent l'éducation religieuse.

J'ai connu des temps où la liberté était autrement comprise : dans la ville que j'ai longtemps administrée, les instituteurs communaux étaient laïques, mais le budget municipal subventionnait les frères des écoles pour les services signalés qu'ils rendaient aux enfants des pauvres qui préféraient leur enseignement. Dans les solennirés scolaires que le maire tenait à honneur de présider toutes, il avait à ses côtés l'évêque et le préfet ; dans toutes les distributions de prix des écoles congréganistes, l'évêque présidait ayant près de lui le préfet et le maire. Le curé de la paroisse était de tous nos conseils et nous n'aurions pas souffert qu'on voulût distinguer les écoles communales et les écoles congréganistes en réservant à ces dernières le titre d'écoles chrétiennes. Il ne faut pas, pour justifier ce qu'on fait aujourd'hui, invoquer faussement la nécessité de respecter les croyances ou les scrupules de ceux qui appartiennent aux cultes dissidents. Les ministres de ces divers cultes sont les premiers juges dans la question et jamais, entendez-le bien, jamais je n'ai rencontré ni un pasteur, ni un rabbin, ni un membre du consistoire qui protestât, à aucun moment, contre la pieuse habitude de rappeler à l'enfant, par la prière, qu'il est toujours sous l'œil de Dieu et qu'il appartient à la religion de ses parents. Cette monstrueuse atteinte portée à la conscience de l'immense majorité qui croit n'a donc pour mobile que le désir couard de se montrer docile à la petite et violente minorité qui ne croit à rien. (*Double salve d'applaudissements*).

La volonté des élus de la cité n'est pas plus respectée que celle des pères de famille : en vain, dans cette ville, votre esprit de tolérance, votre équité, votre bon sens et votre foi vous ont amenés à conserver dans vos écoles ces frères, ces dignes sœurs que l'on proscrit en tant d'autres lieux ; lorsque la mort les aura frappés, la loi oppressive est ainsi faite que, bon gré mal gré, vous devrez vous soumettre et subir l'enseignement athée et ses conséquences.

N'est-ce pas le même esprit sectaire qui inspire les auteurs de la nouvelle loi militaire ? Quelle a été leur plus grande préoccupation ? Est-ce de faire peser sur tous le niveau d'une égalité impossible ? Non ; nos législateurs savent bien que le budget ne pourrait supporter la charge de trois classes entières de conscrits enrégimentés pour trois années successives dans nos casernes qui n'y suffiraient pas. Ils savent aussi qu'un temps insuffisant de service laissera au jeune soldat une instruction militaire incomplète, que la solidité de nos régiments, si admirables aujourd'hui, en sera atteinte, que le recrutement des sous-officiers, instructeurs indispensables de l'armée, en souffrira. Ces considérations ne les ont pas arrêtés ; ils veulent par-dessus tout briser les vocations, dépeupler les séminaires, anéantir les missions et pour arriver à cela mettre, comme ils le disent, le sac au dos des curés. (*Applaudissements prolongés.*) Mais comme ils ne méconnaissent pas que tout le monde ne peut rester au régiment trois années de suite et que, comme nous l'avons dit, ni le budget ni les casernes n'y suffiraient, au lieu d'admettre les dispenses légales, ils se réservent de distribuer, au gré de leur caprice, des dispenses qui naturellement seront accordées à leurs fils, leurs parents, leurs amis, leurs protégés : ces dispenses seront données par la faveur, elles seront réparties par l'arbitraire, elles nous ramèneront au joug du bon plaisir.

Ce régime nouveau, condamné par nos hommes de guerre les plus illustres et les plus compétents, onéreux et écrasant pour l'agriculture et l'industrie, désastreux pour les jeunes gens qui se préparent à certaines carrières spéciales, pourra fournir une masse considérable d'hommes armés, il donnera difficilement une armée de solides soldats.

Ne peut-on, même en temps de guerre, servir son pays qu'en combattant ? Au jour terrible des batailles il faut que l'instituteur donne l'instruction aux enfants qui restent au foyer et par conséquent il faut qu'il se prépare à cette tâche ailleurs qu'à la caserne : il faut que le ministre du culte donne aux enfants l'éducation religieuse et qu'il leur apprenne la loi du sacrifice au moment où le devoir du citoyen est le plus difficile. La place du prêtre au moment du combat n'est pas dans les rangs de ceux qui donnent la mort ; ceux qui suivent les camps exposent leur vie en aidant à mourir le soldat qui donne son sang à la France, ceux qui restent au pays soutiennent la résignation, relèvent le courage, consolent le désespoir des mères, des veuves et des orphelins. Cette mission est assez grande pour qu'on la respecte. (*Triple salve d'applaudissements.*)

# III

Je vous disais il y a un instant que ce n'est pas le moment de rendre plus lourdes les charges de l'agriculture. C'est que jamais elle n'a subi une crise plus terrible que celle qu'elle traverse en ce moment et il faut éviter tout ce qui pourrait aggraver ses désastres.

Je ne sais, messieurs, si dans certaines parties de votre département où l'on produit ces précieux chevaux recherchés dans le monde entier l'éleveur est suffisamment rémunéré de ses efforts; mais il n'en doit pas être de même dans les pays de culture et la dépréciation du sol aussi bien que l'amoindrissement des revenus ont dû atteindre durement vos agriculteurs. L'honorable M. Jacquemart, vice-président de la Société des Agriculteurs de France, constate après des études faites dans les départements si riches autrefois de l'Aisne, de l'Oise, de la Somme que la propriété a perdu 35 o/o de sa valeur. Ce chiffre est confirmé par les enquêtes suivies par M. Risler pour le même département de l'Aisne et par M. Jules Bénard pour le département de Seine-et-Marne : la chute est lourde et le préjudice considérable.

En 1885, M. le Ministre de l'agriculture déclarait à la tribune que la crise agricole s'affirme par une dépréciation de la propriété variant suivant les régions de 20 à 50 o/o. Or l'évaluation de 1879-1881 acceptée par la statistique agricole dressée en 1882 fixait cette valeur à . . . . . . . . . . 91 milliards

Si on applique à ce chiffre la réduction moyenne entre 20 et 50, c'est-à-dire 35 o/o, on trouvera que la propriété foncière a perdu . . . . 31,850 millions et que la valeur du sol n'est plus que de. . . . 59,150 millions Le revenu de la terre a subi le même fléchissement ; aujourd'hui la valeur du sol grevé ne couvrirait par la dette hypothécaire.

L'agriculture officielle, car nous avons une agriculture officielle, ne nie pas la crise, elle en conteste la gravité que nous prouvons cependant par des chiffres empruntés à des documents certains ; et lorsqu'elle recherche la cause du mal, elle croit la trouver dans l'incurie du cultivateur qui, suivant-elle, s'obstine dans de vieilles méthodes et se refuse à user des procédés modernes que la science met à sa disposition.

Le reproche est injuste : toutes les fois qu'une amélioration a été indiquée au cultivateur, il l'a essayée aussi souvent que sa bourse le lui permettait. Machines agricoles, procédés scientifiques, analyses des terres, grosses fumures, engrais chimiques, semences de choix, il a tout employé. Il a usé pour obtenir ces denrées à meilleur compte, de la loi de 1884 sur les associations professionnelles et il a créé sur toute la surface du pays des syndicats agricoles qui centralisent ses efforts et dirigent ses opérations.

Quelle que soit l'énergie de ses efforts, il est loin d'avoir atteint, pour le blé surtout, les chiffres de rendement qui sont mis en avant par les écoles d'agriculture expérimentant dans des laboratoires ou sur de petits champs d'expériences d'une superficie très restreinte et d'une fertilité connue, en appliquant en grand ces procédés assez onéreux, il a atteint un peu plus de moitié des chiffres qui lui étaient indiqués.

Mais quand même on lui enseignerait les moyens d'atteindre ces chiffres considérables de rendement, quand même on lui ferait doubler sa production, on n'aurait résolu qu'une partie du problème ; il ne suffit pas en effet de produire, il faut vendre, et les produits agricoles étrangers, récoltés ou établis dans des pays où le sol est plus fertile, la main-d'œuvre insignifiante, les impôts bien moins lourds, viennent, grâce au bon marché des transports maritimes, nous faire une concurrence ruineuse.

Les grains, le bétail amenés par bateaux viennent s'offrir sur les quais de nos ports à des prix inférieurs à ceux qu'ils coûtent à produire chez nous. Pendant qu'il en entre sur navire, grâce aux tarifs internationaux dits de pénétration, les chemins de fer amènent jusque sur le marché de la Villette des bestiaux en nombre considérable qui viennent avilir le prix du bétail sur pied chez nos éleveurs, sans cependant faire diminuer pour le consommateur le prix de la viande abattue. En 1888, il est entré chez nous, 50,000 bœufs ou vaches, 18,000 veaux, 1,509,872 moutons, 11,214,408 kilogrammes de viande d'animaux abattus et un nombre considérable de porcs, de conserves, de salaisons. Le prix total de ces importations peut être évalué facilement à 70,000,000.

Aux plaintes d'un Président de société d'agriculture, M. le Président de la République répondait l'été dernier : « Que voulez-vous ? Je ne peux pas faire luire le soleil à mon gré. » C'est parfaitement juste : mais ce que le gouvernement pourrait faire et qu'il ne fait pas malgré les réclamations incessantes de l'agriculture, c'est nous donner un bon régime économique. En vain dira-t-on qu'on est entré dans la voie de la protection, qu'on a frappé de droits divers l'entrée des grains, et l'entrée du bétail ; ces droits insuffisants, c'est grâce aux efforts persévérants des conservateurs et de la Société des agriculteurs de France qu'on les a obtenus. Le ministère qui, maintenant encore, renferme une majorité de partisans ardents du libre échange, était alors très divisé sur la question et satisfaction n'a été donnée en partie, que sous la réserve que le gouvernement aurait le droit de supprimer les droits d'entrée si le prix du pain devenait inquiétant.

Le temps me manque pour vous exposer à quel point l'agriculture est menacée par les tendances du libre-échange ; je vous renvoie aux études si complètes, si instructives faites sur ce sujet par M. Deuzy, l'apôtre des syndicats agricoles. Vous y verrez notamment quel tort a été causé à notre agriculture par les traités de commerce auxquels on n'a pas renoncé puisque nous voyons les efforts incessants faits par M. Mariani, notre ambassadeur au Quirinal, pour renouer avec l'Italie les négociations rompues

une première fois par elle pour le renou-
vellement d'un traité de commerce dont la
dénonciation imprudente a entraîné ce pays
vers la ruine, pendant qu'elle améliorait
notre situation agricole. Et il est doulou-
reux de penser que c'est notre agriculture
qui paierait les frais d'un nouveau traité ou
d'un *modus vivendi* arrêté pour trois années,
alors surtout que nous connaissons les
sentiments de M. Crispi à notre égard et
que nous savons que l'argent français dérivé
dans les caisses vides du trésor italien per-
mettrait à ce partisan fanatique de la triple
alliance de préparer, avec nos épargnes, la
guerre qu'il brûle de porter chez nous.
(*Applaudissements.*)

## IV

Je vous ai parlé jusqu'ici des fautes fi-
nancières et économiques commises par le
gouvernement républicain, il est utile de
vous indiquer quelle part revient, dans notre détresse budgétaire, aux gaspillages dans
lesquels ce gouvernement s'est laissé en-
traîner. L'oligarchie qui nous gouverne
traînait derrière elle une foule affamée qui
s'est ruée sur les fonctions publiques : les
épurations successives ont suffi pendant un

temps assez court à satisfaire les appétits des plus pressés, mais toutes les administrations ont été bien vite remplies et il a fallu songer à d'autres expédients. Sous l'Empire on entendait fréquemment les mécontents de l'opposition qui sont les satisfaits du régime actuel se plaindre du trop grand nombre des fonctionnaires et du chiffre excessif de leurs appointements. Ce chiffre avait en effet une certaine importance :

En 1853 les fonctions civiles grevaient le budget de . . . . . . . . . 179,700,000

En 1870 le chiffre était monté à . . . . . . . . 248,500,000

Soit pour 17 ans une progression de 4 millions par an.

De 1870 à 1877 le chiffre est monté à . . . . . . 283,000,000

en augmentation de 35,500,000 soit environ 5 millions par an.

De 1877 à 1888 le chiffre s'elève à . . . . . . . 405,000,000

soit 122 millions de plus qu'en 1877 et en progression de plus de dix millions par année.

Et cette progression continue; on a toujours de nouveaux amis à placer, il faut donc créer des places: par des retraites prématurées imposées à des fonctionnaires qui auraient pu fournir encore une longue et utile carrière, on a doublé et plus le nombre des pensions civiles, mais les vacances ainsi obtenues ne suffisent pas, on invente de nouveaux emplois, n'importe lesquels, car les protégés qu'on veut nantir n'ayant aucune capacité spéciale sont à cause de cela, paraît-il, aptes à tout. (*Rires et applaudissements.*)

Puis on a imaginé pour les amis que la faveur populaire abandonne un droit nouveau qu'on appelle le droit à une compensation. Voici ce que c'est: un député républicain cesse-t-il de plaire à ses électeurs qui le rendent à ses chères études, il se plaint de l'ingratitude de ses concitoyens qui lui enlèvent « *sa place* »! il en demande l'équivalence et on la lui donne. Un préfet se rend impossible dans tous les départements, son insuffisance lui crée des titres à une situation meilleure, et comme une des fonctions les plus rémunérées est celle de trésorier général, c'est celle-là surtout qui est fort demandée et nous arrivons ainsi à compter au nombre des 86 trésoriers généraux, 5 anciens députés, 10

anciens préfets, 6 anciens fonctionnaires ou
conseillers généraux, 5 anciens maires, un
entreposeur de tabacs, un architecte, deux
marchands de vin etc., enfin trente-trois
intrus sur 86, c'est-à-dire 40 o/o ou les
deux cinquièmes. (*Mouvement.*)

La même théorie est appliquée aux nombreux fonctionnaires intimes qui grouillent
près des ministres si fréquemment renou-
velés et autour des inévitables sous-secré-
taires d'Etat; chacun de ces hauts digni-
taires a des secrétaires, des chefs de
cabinet, des attachés, des caudataires, tous
jeunes gens charmants et sympathiques et
dont il faut récompenser l'oisiveté : il y
en a qu'on décore, mais il y en a d'autres
plus positifs qui demandent une place et on
la leur donne. Voilà qui justifie l'apprécia-
tion énergique de M. Anatole Leroy-Beaulieu quand il dit : « Le parasitisme adminis-
« tratif, chiendent redoutable, envahit de
« plus en plus la Société française. » (*Rires
et applaudissements.*)

Tout ceci constitue ce qu'on appelle in-
dulgemment des complaisances ou des abus
d'influence : mais un abus répété en fait
naître d'autres plus graves, le droit s'efface
de plus en plus devant l'arbitraire, et on
en arrive à se croire tout permis pour
conserver son influence ou sa situation.

Comment ne pas parler de ces scandales sur lesquels on a essayé longtemps de faire silence et qui ont si tristement marqué les derniers jours et la fin de la Présidence de M. Grévy : il ne s'agit plus ici de complaisances ou de faiblesses, on est en présence du trafic honteux des fonctions publiques et il semble que tout soit à l'encan jusqu'à la croix de la Légion d'honneur ! Il n'est pas une affaire publique à propos de laquelle on n'entende prononcer les mots de marchandage et de pots-de-vin ; les expéditions même dans lesquelles notre drapeau et notre armée sont engagés semblent couvrir des spéculations ténébreuses.

On parle au moment où notre protectorat va s'étendre sur la Tunisie d'un syndicat de gens bien informés qui, avant que la France ait garanti la Dette Tunisienne, avait ramassé à vil prix tous les titres dont la valeur relevée plus tard par cette garantie lui assurait un bénéfice de plus de cent pour cent : au Tonkin, ce sont des concessions signées d'avance qui engagent les richesses contenues dans le sol avant même qu'il soit conquis.

On parle hautement de fortunes considérables rapidement édifiées après un court passage dans les fonctions publiques, et on se demande si quelques-uns de nos hommes d'Etat pourraient entendre sans courber la tête la virulente apostrophe du grand orateur Romain disant à Verrès ! « Tu es « entré pauvre dans cette riche province, tu « es sorti gorgé de richesses de cette mê- « me province ruinée ».

Aujourd'hui encore un financier interlope arrêté par la police Belge attend son extradition dans les prisons de Bruxelles et on affirme qu'il ne sera pas remis à la justice française, parce que lui aussi a dans les mains des dossiers compromettants pour plusieurs personnages politiques. (*Sensation.*)

Et tout cela se dit ouvertement, on y fait allusion à la tribune et la défense de ceux qui sont accusés consiste le plus souvent non pas à se disculper, mais à tenter de démontrer qu'il y a à côté d'eux des gens plus condamnables encore.

Sous tous les gouvernements et dans tous les temps on a pu relever contre quelques fonctionnaires de lamentables défaillances de la probité, on a signalé des concussionnaires et des prévaricateurs. C'est malheureusement vrai.

Mais c'étaient de rares exceptions et les coupables n'étaient pas alors couverts par le Gouvernement ou par leurs pairs ! Ils étaient livrés aux tribunaux, la justice accomplissait librement son œuvre et une condamnation sévère venait satisfaire et rassurer la conscience publique alarmée. On ne voyait pas alors le trafic des emplois et des honneurs exercé, comme il l'a été, jusque dans le palais du chef de l'Etat, l'instruction judiciaire se poursuivait au grand jour, les pièces probantes déposées dans le cabinet du juge d'instruction y restaient intactes, aucune main furtive ne venait les falsifier et les anéantir ; on n'avait pas l'inquiétant spectacle d'une justice entravée, hésitante, perdue au milieu de divergences de décisions telles que l'on sente fléchir, chez les justiciables, la foi nécessaire dans sa sereine impartialité. (*Applaudissements.*)

Certes, Messieurs, et il faut le proclamer bien haut, ces faits honteux sont imputables à un petit nombre ; l'honneur du Parlement français reste intact, notre pays est encore le pays de la loyauté, je n'en voudrais pour preuve que le mouvement unanime d'indignation qui s'est soulevé dans toutes les classes, quand les scandales ont été avérés. — Le tort des hommes honnêtes, et vous êtes bien placés ici pour les connaître, qui ont lié leur fortune politique à celle d'autres hommes qui ne le sont pas, a été de ne pas se souvenir du conseil de notre grand poète comique :

« C'est qu'il ne suffit pas de n'être pas méchant, »

« Mais qu'il ne faut pas être au méchant complaisant. »

Le désir ardent d'une cohésion politique, que de profondes différences de principes et de sentiments rendent toujours éphémère, a poussé les représentants de l'instable majorité parlementaire à tout nier, tout excuser, tout absoudre. Ce qu'elle condamnait au fond du cœur, elle a paru l'approuver. Elle n'a pas eu la sagesse de séparer l'ivraie du bon grain, de faire justice de ceux qui la compromettent, de les réprouver hautement, et aux yeux du pays, elle a encouru la complicité du silence. Elle n'a pas eu le courage de réclamer la production et l'ouverture de ces vingt-deux mille dossiers qui protègent M. Wilson, d'exiger les noms des coupables, de provoquer les menaçantes révélations qu'on suspendait sur sa tête et ce mystère pèse lourdement sur elle et l'écrase sous la méfiance des électeurs.

C'est ce que M. Floquet a bien senti, lorsque dans la séance où le scrutin uninominal a été voté il s'écriait, avec une émotion qui, cette fois, n'avait rien de factice : Nous ne craignons pas d'opposer notre probité à la vôtre. Il avait raison de protester, mais, en même temps, il était amené à reconnaître et à déclarer que si lui, ardent partisan du scrutin de liste, il s'était décidé à proposer le rétablissement du scrutin d'arrondissement, c'est qu'il voulait dégager les honorables personnalités républicaines d'une solidarité compromettante et, sous l'empire de ce sentiment il s'écriait, après avoir énuméré les outrages déversés sur la majorité : « Et c'est cette assemblée » que vous voulez présenter au scrutin du » pays ! » (*Sensation profonde.*)

Nous dirons, nous : et c'est après toutes ces fautes et tous ces scandales que vous voulez nous faire renier nos convictions politiques et confesser que le seul gouvernement républicain est nécessaire, impeccable et indiscutable ; c'est impossible.

Il fallait nous convaincre, on ne l'a pas fait et quelque décidés que nous soyons à nous incliner devant la loi, lorsque nous comparons le présent au passé, nous sommes conduits à affirmer que le gouvernement qui rendrait la France à elle-même, c'est la Monarchie. (*Vifs applaudissements.*)


V


Parmi toutes les objections que l'on soulève contre cette proposition, je n'en retiendrai que deux auxquelles je désire répondre.

La Monarchie, dit-on, est incompatible
avec la démocratie, car la démocratie impli-
que la souveraineté du peuple qui ne peut
coexister avec la souveraineté du roi.
Qu'est-ce donc que le peuple ? C'est vous,
c'est moi, c'est le paysan et le propriétaire,
l'ouvrier et le manufacturier, c'est tout le
monde. Comment s'exerce la souveraineté
de cet être collectif ? Est-ce par l'inter-
vention directe de tous les citoyens sur
chaque question qui intéresse la chose
publique? Non : dans certaines occasions so-
lennelles chacune des individualités qui
compose le peuple peut être appelée à répondre directement à une question spéciale
— à se prononcer sur la forme de gouvernement par exemple. Mais, en dehors de
cela, la souveraineté qui réside dans le
peuple est par lui déléguée à des mandataires qu'il charge de l'exercer. Or le peuple,
qui ne peut pas nommer ces mandataires
tous les matins et pour la journée, leur dé-
lègue des pouvoirs pour un temps donné.
Sous le régime actuel, en ce qui concerne
le chef de l'Etat, qui est nommé par des
électeurs du second degré, la délégation
dure sept ans.

Donc, pendant sept années, le peuple
souverain aliène son droit, et quand même,
huit jours après le vote du Congrès, le

choix du Président lui paraîtrait nuisible ou regrettable, il ne pourrait pour cela s'y soustraire, il le subira pendant sept ans.

Ce que le peuple souverain peut faire pour sept ans, il peut le faire pour une durée d'années indéterminée, il peut le faire à titre viager, il peut le faire à titre héréditaire et perpétuel, autant que les institutions de ce monde comportent la perpétuité ; et le contrat est aussi valable, aussi respectable, aussi impérieux dans un cas que dans l'autre.

Le cérémonial qui entoure un souverain diffère-t-il beaucoup de celui qui est en usage pour le Président de la République ? Celui-ci a des palais, sa maison civile, sa maison militaire, ses privilèges, celui par exemple de ceindre ses épaules du grand cordon de la Légion d'honneur, et les farouches disciples du dogme de l'Egalité absolue, semblent en prendre très bien leur parti : j'ai vu auprès de plusieurs présidents de la République, un introducteur des ambassadeurs qui avait exercé ses fonctions auprès du dernier monarque. La démocratie peut donc s'accommoder des honneurs spéciaux légitimement rendus au chef de l'Etat, quel que soit son titre.

L'esprit démocratique est-il plus méconnu par la Monarchie que par la République ?

L'esprit démocratique est celui qui s'inspire de l'intérêt de tous, mais surtout de l'intérêt des petits, des ouvriers, des déshérités, des pauvres. Le gouvernement républicain a la prétention de résoudre plus vite et mieux que d'autres tous les problèmes que soulèvent ces intérêts et qu'on appelle les questions sociales : nous avons fréquemment entendu l'exposé pompeux de ses programmes, nous cherchons encore ses réformes et nous ne voyons pas que dans l'étude et la solution des questions, dites sociales, les gouvernements monarchiques d'Europe se soient laissé devancer par le Gouvernement républicain actuel.

Nous estimons même que celui-ci est en retard par la raison que chacune des écoles républicaines, et Dieu sait si elles sont nombreuses, qui arrive à son tour et pour un temps très restreint au pouvoir, apporte ses idées et ses méthodes qui ne sont pas celles des autres écoles et c'est ainsi que nos gouvernants passent leur temps à essayer et à défaire sans jamais rien édifier. Un gouvernement stable, ayant devant lui de longues années peut seul et avec l'aide du temps faire en cette matière une œuvre suivie et durable. (*Vive approbation.*)

Une autre objection consiste à dire que la Monarchie qui ne sera pas le pouvoir personnel doit fatalement être envahie par le parlementarisme. Entendons-nous bien ; quand nous condamnons le parlementarisme, nous n'entendons en rien atteindre le gouvernement représentatif qui donne aux élus de la nation le droit absolu de voter les lois, consentir l'impôt, contrôler son emploi. Le parlementarisme, c'est l'absorption, par le pouvoir élu, de tous les autres pouvoirs au détriment du bon ordre et de l'intérêt public.

C'est le régime sous lequel l'élu pèse sur le pouvoir judiciaire en intervenant dans la nomination des magistrats qui deviennent ses obligés et paralyse le pouvoir exécutif en se substituant au Préfet dans le département, aux ministres dans le gouvernement, au chef de l'Etat lui-même en le réduisant au rôle humilié d'un fonctionnaire appelé à contresigner les volontés des députés et à les subir sans observations.

C'est en un mot le régime dont nous contemplons, sans l'admirer, le plus complet épanouissement. (*Applaudissements.*)

C'est sous la république qu'un pareil régime peut se développer avec le moins de contrainte, alors surtout que le chef de l'Etat est choisi par les deux Chambres qui voient en lui non pas le protecteur de tous les intérêts, mais le chef de leur coalition ou de leur majorité, astreint à gouverner pour elle et par elle, puisqu'il est en quelque sorte sa créature et son émanation : il est bon de se reporter à la première déclaration faite par M. le Président Carnot pour être convaincu que le Président actuel de la république comprend ainsi son mandat.

Sous la Monarchie le pouvoir royal est un obstacle à l'envahissement parlementaire ; le roi sent peser sur lui une responsabilité morale à laquelle échappent les gouvernements quasi anonymes semblables à celui que nous avons : il use de son pouvoir pour protéger les intérêts de tous, les droits des minorités, les intérêts des petits et des faibles lorsqu'ils sont méconnus ou froissés par l'intolérance parlementaire : il est le défenseur des droits du peuple à l'intérieur, la personnification de la nation à l'extérieur où des alliances et des traités ne peuvent utilement se conclure que lorsque celui qui les signe a chance de veiller longtemps à leur maintien et à leur exécution auxquels son honneur est intéressé. (*Nombreux applaudissements.*)

Voilà, messieurs, ce que la Monarchie doit vous donner comme institutions et la Providence a permis qu'en même temps que ces institutions elle puisse aujourd'hui vous offrir un homme capable de les mettre en œuvre. (*Applaudissements.*)

## VI

Je ne veux pas vous redire de Mgr le Comte de Paris ce que tout le monde sait et répète : il a pris soin d'exposer lui-même, dans des déclarations et dans des instructions nettes et précises, comment il comprend le rôle de la monarchie dans notre société démocratique ; il n'a laissé planer aucune équivoque sur les conditions que le suffrage universel dont il reconnaît l'indiscutable loi, exige pour le rétablissement du pacte antique qui a si longtemps confondu les destinées de la France avec celles de la maison dont il est le chef. Il ne semble partager à aucun degré les illusions des esprits sincères et rêveurs qui s'attardent dans le regret stérile de pratiques gouvernementales possibles au temps du régime censitaire, mais inapplicables aujourd'hui.

Il a le sentiment qu'il remplit son devoir en reliant les glorieux souvenirs du passé avec les nécessités du présent et sans engagement avec les personnes, les écoles ou

les doctrines, il veut, avec le concours
de toute la nation, être le roi de tous les
Français. (*Applaudissements!*)

C'est du moins ce qui résulte pour moi
de la lecture attentive de tout ce qu'il a
écrit à ce sujet.

Je désire vous montrer le Prince sous
un aspect moins connu qu'il me semble
utile de mettre en lumière et vous rappeler comment il a utilisé les heures longues
et pénibles de l'exil en étudiant les conditions d'existence faites au travail par le
prodigieux développement de l'industrie
moderne et en recherchant les moyens
d'assurer en l'améliorant le sort de l'ouvrier
du sol ou de la manufacture.

Lorsque je me suis occupé de l'applica-
tion à l'agriculture de lá loi de 1884 sur
les associations professionnelles et du développement des syndicats agricoles, un de
mes collaborateurs les plus jeunes et les plus
ntelligents, M. Saint-Marc Girardin, m'enga-
gea à soumettre quelques-unes des questions
qui nous embarrassaient à Mgr le Comte de
Paris.

Je n'avais pas l'honneur d'être connu du
Prince, l'audience que je sollicitai me fut
néanmoins promptement accordée et je
pus l'entretenir de nos projets, de nos hésita-
tions et de nos espérances. Après m'avoir

écouté, le Prince prit la parole et avec cette clarté d'exposition que la commission d'enquête sur la condition des ouvriers avait tant appréciée en prenant connaissance de l'étude sur les *Trade-Unions*, il analysa rapidement la loi sur les syndicats professionnels, regrettant les résistances de ceux qui n'avaient pas compris que la liberté d'association est le plus sûr remède à la plaie des Sociétés secrètes, critiquant certaines restrictions qui entravent pour les syndicats la constitution de leur patrimoine, blâmant l'absence de dispositions exigeant la publicité des budgets, leur contrôle par des syndiqués pour assurer le bon emploi les réserves et prévenir leur détournement au profit d'œuvres étrangères au but du syndicat ; exposant comment les unions anglaises avaient pu par l'épargne et la fidélité à leur association amasser des capitaux considérables dont l'utile emploi avait contribué à créer et à faire vivre les sociétés coopératives de production qui ont tant de peine à s'organiser chez nous. Puis arrivant à l'influence que les associations pourront exercer comme instrument de paix sociale, le Prince recommandait la formation de Syndicats mixtes de patrons et d'ouvriers apaisant par leur entremise et par leur influence conciliante les conflits d'intérêts opposés en apparence, dissipant les préjugés, les méfiances, préparant l'entente entre le capital et le travail et démontrant aux intéressés que l'un ne peut pas vivre sans l'autre.

Il montrait ensuite ces syndicats mixtes s'emparant par degrés de la confiance des uns et des autres et devenant les arbitres nés de tous les conflits autrefois tumultueux et troublés, empêchant ou arrêtant les grèves, intervenant par le respect qu'ils sauraient inspirer, jusque dans les contestations privées, faisant accepter comme jugement leurs avis et leurs décisions et réalisant, aussi bien pour les particuliers que pour les associations, une œuvre de pacification et de concorde. (*Applaudissements.*)

En écoutant les dernières paroles du Prince, je ne pouvais écarter de ma pensée un des souvenirs les plus vivaces de mon enfance et je me sentais remonter au cœur l'émotion que j'avais alors ressentie: permettez-moi de vous en parler. C'était le 14 juillet 1842, j'étais élève au collège de Nancy; M^{me} la duchesse d'Orléans se rendant aux eaux de Plombières avait quelques jours auparavant traversé la ville ; une foule empressée avait salué son passage avec cet élan spontané, cordial, respectueux, qui caractérise les manifestations des habitants

de la Lorraine ; on attendait son prochain
retour. La veille Mgr le duc de Nemours,
après avoir inspecté le camp de cavalerie
de Lunéville, était rentré à Nancy pour as-
sister à quelques manœuvres militaires à la
suite desquelles il avait passé en revue les
élèves du collège : mes condisciples se rap-
pellent, comme moi, ce brillant officier, élé-
gant, affable qui s'arrêtait devant chaque di-
vision adressant un mot flatteur aux surveil-
lants, une aimable parole aux enfants et je
revois avec une netteté parfaite ce profil déli-
cat qui reproduisait déjà comme une esquisse
légère et fine les traits du Béarnais, son
aïeul, dont le Prince devait plus tard, sous
l'empreinte de l'âge, rappeler par une éton-
nante ressemblance le masque vivant
(*Mouvement.*)

On nous avait accordé un congé ; aussi
le lendemain, la sortie des classes était bruyante et joyeuse : au moment où, avec
quelques jeunes camarades, je passais devant l'hôtel le plus fréquenté de la ville, je
vis un groupe de trois personnes arriver
devant sa porte. C'était le général Vilatte
qui commandait la subdivision, le Préfet
Lucien Arnauld, et mon grand-père qui
était maire de Nancy. A cette époque,
Messieurs, les magistrats des départements
et des villes n'étaient pas les fonctionnaires

nomades qu'on voit aujourd'hui si rapidement passer et disparaître ; le général
Vilatte est resté à Nancy aussi longtemps que le permettaient les règlements
militaires, M. Lucien Arnauld, nommé
Préfet de la Meurthe en 1832, n'a quitté
ce département que le 29 février 1848 et
c'est la mort qui a relevé mon grand-père
de ses fonctions municipales. Aussi les re-
lations de service devenaient vite des rela-
tions d'amitié entre les administrateurs, au
grand bénéfice des administrés, et c'est
aussi pourquoi, sans être troublé par la
présence du général et du préfet, je suivis
avec l'indiscrétion inconsciente des enfants
qu'on traite avec indulgence, ces trois
hommes jusque dans l'antichambre précé-
dant les appartements de réception. Ils
semblèrent hésiter, se concerter, puis la porte
d'un salon s'ouvrit et je vis Mgr le duc de
Nemours se lever vivement d'un fauteuil, et
s'élancer vers le général en s'écriant : Ah
général, le roi est mort ! Non, Monseigneur,
lui fut-il répondu, c'est le duc d'Orléans :
et tous ces hommes fondirent en larmes.
Je me sauvai effrayé, bouleversé par ces
sanglots, emportant l'impression que je
venais d'apprendre un grand malheur public. Je ne me trompais pas ; quelques
jours plus tard, le vieux roi suivant le cercueil

de son fils conduisait en même temps le deuil de la France. (*Sensation profonde.*)

En entendant parler le Comte de Paris, en écoutant ce langage empreint des sentiments libéraux, généreux, patriotiques qui éclatent dans l'écrit relatant les volontés dernières et les suprêmes conseils du duc d'Orléans, en songeant aux destinées glorieuses que son règne aurait assurées à notre pays, je me disais : Puisse celui-là fermer la blessure que la mort de son père a laissée au flanc de la patrie ! (*Applaudissements répétés.*)

## VII

Messieurs, je suis arrivé au terme de ma tâche, je vous remercie de la patience avec laquelle vous avez bien voulu m'écouter ; j'en ai abusé déjà, et je dois encore la mettre à l'épreuve. Je vous disais combien il est difficile de parler avec mesure des événements contemporains, il est plus difficile encore de parler, au gré de tous, des événements actuels : vous ne comprendriez pas cependant qu'ayant l'intention d'examiner devant vous notre situation politique, je fisse le silence sur l'élection du 27 janvier et sur le nom du général Boulanger.

Quand un fait se produit, ou quand un homme s'élève, on ne détruit pas le fait en le contestant, et on ne supprime pas l'homme en le dénigrant. Il ne faut pas non plus le grandir, il faut essayer de le juger avec équité. J'entends souvent dire du général Boulanger : « C'est un soldat indiscipliné » — Soit, mais M. Labordère est à coup sûr un soldat indiscipliné, M. le général Riu aussi est un soldat indiscipliné puisque M. le Ministre de la guerre a cru devoir lui infliger un blâme énergique. Eh bien! que l'un ou l'autre essaye de se présenter dans plusieurs départements et vous verrez, malgré son indiscipline, ce que pèse son influence électorale.

Ce qui me frappe dans les élections multiples du général Boulanger, c'est que, poussé par l'influence conservatrice dans les départements, il est à Paris porté par le courant démocratique. Après ses élections de province, l'oligarchie gouvernante qu'il combat lui portait le défi d'affronter le scrutin dans le département de la Seine; on nommait les députés qui devaient donner leur démission, et qui ne l'ont pas donnée du reste, pour obliger le général à descendre dans ce champ clos électoral. Voilà qu'il meurt à Cannes un obscur député de Paris qui n'était connu que par la prétention de faire autoriser par une loi les débitants de boissons à mettre de l'eau dans leur vin tout en le vendant comme vin pur à leurs consommateurs (*rires et applaudissements*); il faut procéder à son remplacement, le général Boulanger se présente et contre la candidature officielle il est élu à la majorité que vous connaissez. Les républicains irrités déclarent que par ce vote Paris s'est déshonoré ; car la théorie de ces messieurs est curieuse ; le suffrage universel se trompe quand il ne parle pas comme eux ; ils acceptent toutes ses manifestations quand elles leur sont favorables, ils les infirment quand elles les condamnent : Paris est la ville lumière lorsqu'il nomme M. Lockroy ou M. Camélinat, M. Anatole de La Forge ou M. Basly ; lorsqu'il nomme le général Boulanger, Paris n'est plus qu'une ville de boue.

Quelle est donc la cause de cet entraînement que le mérite d'un homme ne suffit pas à expliquer ? Je crois qu'il est impossible de s'y méprendre : la popularité du général Boulanger est faite de toute l'impopularité des hommes qui nous gouvernent, de toutes les déceptions qu'ils ont causées à ceux qui avaient mis en eux quelque espérance. Le général Boulanger a résumé tous les griefs que les conservateurs depuis 1880 avaient formulés contre l'oligarchie républicaine ; mais tandis qu'on refusait de les croire, on a accordé toute confiance au général, parce que le tempérament des masses est ainsi fait que quand la lassitude et le dégoût les gagnent, elles croient trouver plus de décision chez un homme que dans un parti et comme ces masses veulent à tout prix en finir, elles ont acclamé dans le général Boulanger le syndic des mécontents. (*Marques d'approbation.*)

Le gouvernement essaye d'enrayer le mouvement qu'il redoute par les poursuites et la violence : s'il est attaqué, je ne lui conteste en aucune manière le droit de se défendre par les moyens légaux ; mais la Ligue des patriotes, objet de sa colère, est une association qu'il a encouragée et protégée ; elle me paraissait bien plus dangereuse pour la sécurité du pays, lorsque son président M. Déroulède parcourait l'Europe avec des allures d'ambassadeur officieux offrant notre alliance à des nations réputées amies, que lorsqu'elle se prend d'une sympathie peut-être exagérée pour le cosaque Atchinoff. Mais dans le temps auquel je fais allusion la Ligue des patriotes marchait d'accord avec le gouvernement qui tolérait son exubérance ; aujourd'hui il n'en est plus de même, on la supprime, on lui retire

la tolérance, on lui fait un crime d'en
avoir profité et on ne veut plus voir qu'une
société secrète dans l'association la plus
bruyante, la plus tapageuse que l'on ait
jamais connue. Nous croyons que le gouvernement se méprend, qu'il confond la
violence avec la force, l'arbitraire avec le droit.
Ce n'est pas en grossissant démesurément
la voix, en fulminant de menaçantes rodo-
montades qu'il ramènera le pays par la peur :
il aurait pu peut-être encore le reconquérir
par la sagesse et la justice. (*Approbation.*)

L'occasion s'est montrée belle pour lui
le 19 décembre dernier ; ce jour-là, à l'occasion de la discussion du budget de 1890,
le gouvernement a entendu les conseils
les plus utiles qui lui pouvaient être don-
nés. M. Challemel-Lacour n'a jamais appar-
tenu, que je sache, à la réaction et il ne
doit pas être aux yeux des républicains les
plus avancés suspect de modérantisme : j'ai
retrouvé à Lyon des souvenirs de son pro-
consulat alors qu'il administrait le département du Rhône à l'ombre du drapeau rouge
qui flottait sur le faîte de l'hôtel de ville et
que M. Gambetta en a fait descendre.
Mais je dois reconnaître que M. Challemel-Lacour est un esprit de haute portée
qui a profité de l'expérience des hommes
et des choses et qui, sans rien perdre de

son immense talent, a beaucoup assagi la
fougue de sa jeunesse et a compris les avan-
tages de la tolérance politique. Il faut relire,
Messieurs, l'objurgation de cet éminent
désabusé inquiet pour son pays, effrayé
pour la république qui est toujours l'objet
de son culte et suppliant le gouvernement
de ne pas persister dans sa marche rapide
vers le radicalisme.

Je ne peux résister au désir de vous
citer un passage du discours par lequel il
développe sa pensée dans un magnifique
langage.

Après avoir constaté que les radicaux ont
amené la France sur les bords de l'abîme
et que la république ne jouit plus à cette
heure de la même confiance qu'il y a dix
ans, M. Challemel-Lacour conjure ses collègues d'arrêter le gouvernement sur la
pente qui conduit aux désastres et il con-
clut en leur disant :

« Pour moi mes convictions sont entières,
» une expérience longue et dure parfois ne
» les a point ébranlées. En dépit de ce qui
» nous menace, je me rejette avec un re-
» doublement de passion vers les idées qui
» ont été l'enthousiasme de ma jeunesse et
» dans lesquelles je persiste à voir, sur le
» déclin de ma vie, l'abri, le seul abri de la
» liberté de mon pays. Faites, mes chers

» collègues, *que la république redevienne le*
» *règne de la loi, que tous y soient protégés*
» *dans leur personne, dans leurs biens,*
» *dans leurs croyances, non seulement contre*
» *le désordre de la rue, mais contre le*
» *désordre moral, l'anarchie morale, mais*
» *contre la diffamation, la calomnie ;*
» *l'injure, contre la furie d'une presse sans*
» *frein, sans mesure, sans responsabilité.* »

« Conjurez les ruines auxquelles n'échap-
» peraient pas les existences les plus hum-
» bles, si par malheur nous assistions à la
» catastrophe de la liberté. »

Les Modérés, Messieurs, et c'est là la
condamnation du régime qui nous régit,
ne savent que formuler des déclarations
sentimentales et stériles ; mais, lorsqu'il
faut agir, le courage leur manque et ils su-
bissent piteusement la direction des plus
violents ; le Sénat dans un moment d'enthousiasme, qui n'a pas duré, voulait, sur-
le-champ, ordonner l'affichage de ce discours, et le lendemain, il l'avait déjà oublié.

C'était alors qu'il fallait, après les aveux
repentants de M. Challemel-Lacour, dresser
le programme des réparations nécessaires ;
le Gouvernement n'a pas voulu le faire,
les Chambres n'ont pas su l'exiger et aujourd'hui il est trop tard pour arrêter le
torrent. (*Sensation.*)

Quel est maintenant le devoir des conservateurs ? Ils doivent, à mon sens, maintenir fermement leur programme et persister dans leurs revendications. Depuis longtemps déjà, en présence d'une constitution perfectible, ils avaient pris pour mot d'ordre : « Revision par une Constituante ». Qu'importe si le général Boulanger s'est approprié la formule ; la solution s'impose : quel est donc le parti qui pourrait refuser de nous suivre sur ce terrain ? Quand le pays librement consulté se sera prononcé, qui oserait s'insurger contre son verdict et ne pas accepter docilement le gouvernement capable de donner à notre patrie la paix au dedans et au dehors, la protection à tous, le calme indispensable au travail et aux affaires ? (*Applaudissements.*)

Consultation périlleuse, dira-t-on ? Pourquoi, si chacun fait son devoir ? Le nôtre, jusqu'au jour où le pays sera appelé à se prononcer doit être d'entrer en communication fréquente, intime avec nos concitoyens, de nous présenter à eux pour leur exposer loyalement nos doctrines et nos espérances, d'étudier avec eux leurs besoins pour nous pénétrer de leurs désirs, qui sont plus conformes aux nôtres qu'on ne veut généralement l'admettre, et je serais bien surpris si le bon sens public alarmé dans ses intérêts pour le présent, et instruit par le passé, n'adoptait pas la bonne solution pour l'avenir. (*Applaudissements.*)

C'est à nous, chacun dans son milieu, d'éclairer cette nation qui sait énergiquement ce qu'elle ne veut plus, mais dans l'esprit de laquelle on a semé le doute et la négation et qui ne voit plus bien ce qu'il lui faut vouloir : Comptons alors que la Providence inspirera les résolutions de cette France qui ne veut pas périr et qu'elle lui fera comprendre qu'entre l'anarchie qui la menace et la dictature qu'elle redoute, elle a devant elle la Monarchie qui saura sauver l'ordre et la liberté. (*Triple salve d'applaudissements* )

www.ingramcontent.com/pod-product-compliance
Lightning Source LLC
Chambersburg PA
CBHW070938280326
41934CB00009B/1927